मन की थाह

(काव्य संग्रह)

मन की थाह

(काव्य संग्रह)

शिव कुमार दुबे

Delhi-110089, India

संस्करण : 2021
ISBN : 978-93-90889-10-5

प्रखर गूँज पब्लिकेशन
एच-3/2, सेक्टर-18, रोहिणी, दिल्ली-110089
दूरभाष : 7982710571, 7838505899, 011-27851059

मूल्य : 195 /-

© सम्बंधित रचनाकार के अधीन

मन की थाह (काव्य संग्रह)
शिव कुमार दुबे

Man Ki Thah (Kavy Sangrah)
By Shiv Kumar Dubey
Published by

PRAKHAR GOONJ PUBLICATION
Delhi-110089
E.mail : prakhargoonj@gmail.com
          sinha.neelu123@gmail.com
Ph. : 011-27851059, 7982710571, 7838505899

Web : https://prakhargoonjpublicationofficialwebsite.com

समर्पण

देश के अनाम शहीदों के नाम।

कविता जीवनदायनी है, जो हमें उमंग से सरोबार करती है, कविता के माध्यम से हम जीवन के विभिन्न पहलुओं पर दृष्टि डालते हैं। हमारी सोच को नया आयाम देती है। एक कविता हमारे अन्तर्मन को जाग्रत कर ऊर्जा से भरकर हमें स्वप्रेरणा से भर देती है। हम कम शब्दों में जीवन की विभिन्न समस्याओं से रूबरू हो जाते हैं। एक अच्छा कवि आपकी उम्मीदों को जगाकर आपकी कुण्ठाओं को मिटाकर आपको आनंद से भर सकता है।

आज यह महामारी का समय है, सारा विश्व कोरोना महामारी के भीषण संकट से जूझ रहा है। सम्पूर्ण विश्व में हाहाकार मचा हुआ है, मानवता गंभीर संकट के दौर से गुजर रही है। हम अपनों को खो रहे हैं। हमारे बीच में आशंकाएं पनप रही हैं, हम दिए गए निर्देशों का पालन कर अपनी जीवन रक्षा के प्रयास कर रहे हैं।

विश्व के वैज्ञानिक अधिकतम मेहनत कर कोरोना का टीका बनाने का प्रयास कर सकें। हमें अपनी रोग प्रतिरोधक क्षमता को बढ़ाना है। मानवता को बचाना है, संघर्ष करना है, जिंदगी और मौत की दौड़ में आशा और सकारात्मकता को बढ़ाना है, विश्वास को हमें बनाये रखना है, तभी हम इस महामारी की जंग में विजय हासिल करेंगे।

हमने भी कविताओं के माध्यम से जीवन में आशा और विश्वास का संदेश दिया है। हमारा कविता संग्रह मन की थाह आपके समक्ष प्रस्तुत है, विश्वास है इसे आप स्वीकार करते हुए जीवन की राह आसान बनाएंगे।

शिव कुमार दुबे

आमुख

राष्ट्र समाज को समर्पित कविता संग्रह 'मन की थाह' कविताओं को भीतर समेटे एक बेहतरीन संग्रह बन पड़ा है। शिव कुमार दुबे ने सेवा निवृत होकर अपनी भावनाओं को बेहद खूबसूरत तरीके से अमलीजामा पहनाया है। इसका शीर्षक और मुख्य पृष्ठ काफी आकर्षक है जो कि पुस्तक पढ़ने की जिज्ञासा भी पैदा करने का सार्मथ्य रखता है। इस श्रेष्ठ चयन हेतु शिव कुमार दुबे जी का हार्दिक अभिनंदन।

इस संग्रह की प्रथम कविता है 'गाड़ियां' और अंतिम है 'जंग मत लगने दो' जिनमें जीवन की गति व दुर्गति दोनों के साथ ही साथ दर्शन होते हैं। दूसरी कविता है 'बूढ़े होने पर' जिसमें वर्तमान समाज की कटु हकीकत को बड़ी शिद्दत से परोसा है, आपने। लगता है समाज में आपने वृद्धावस्था की परछाई को लम्बे समय तक बड़े करीब से महसूस किया है। आपकी आत्मा उद्वेलित हो सहज उदगार प्रकट कर गई है।

आपका यह संग्रह वर्तमान समाज की जटिलताओं, कुटिलताओं का सशक्त आइना है। जो पाठक को अंतिम पृष्ठ तक बांधे रखने का सामर्थ्य रखता है।

'याद रखेगा' शीर्षक से आप वीर जवानों के हौसलें व जिंदादिली युक्त जीवन शैली को बयां करते हैं तो साथ ही उनकी शहादत को श्रद्धांजलि भी इसी शीर्षक से सहज अर्पित कर जाते हैं। जिससे आपकी लेखन शैली में एक साम्य सा नजर आता है। साथ ही जीवन गति भी स्पष्ट रूप में प्रकट होती प्रतीत होती है। जो कि आपकी प्रत्येक रचना में दृष्टिगोचर हो जाती है। वैसे संवेदनशीलता तो लेखकों का गहना है। जिसे बड़ी ही कोमलता के साथ आप सम्भाले हुए हैं। आपकी रचनाओं में छंद-बंद कम नजर आते हैं। कहीं कहीं लय ताल भी झोल खा जाती

है। उसके बावजूद भी आप 'मन की थाह' को थामे भावनाओं के समुंदर में अपनी रचनाओं के माध्यम से पाठक को गोते लगवा ही देते हो।

कहीं देश, कहीं संस्कृति, कहीं मानव समाज तो कहीं प्रकृति के दर्शन आपकी सशक्त रचनाओं में निरंतर प्राप्त होते ही हैं। कभी सपने दिखाते-देखते हुए आपकी रचनाओं में सहज जीवन मूल्य प्रकट हो जाते हैं। एक रचना में स्त्री को कोमल पुष्प समान दर्शाया है तो अगली रचना में स्त्री होना कठिन डगर है बताते हुए आपकी कलम दौड़ पड़ी है। यही आपकी लेखनी की ताकत है। जो एक ही विषय पर विरोधाभास तस्वीर या सकारात्मक-नकारात्मक पहलुओं को एक के बाद एक रूप में प्रकट करने का साहस जुटा ही लेती है। कुल मिलाकर यह एक पठनीय संग्रह है। मैं इस संग्रह के साथ ही आपके उज्जवल भविष्य की कामना करती हूं।

हार्दिक बधाई और ढेरों शुभकामनाओं के साथ

डॉ चेतना उपाध्याय
शिक्षाविद, साहित्यकार, अजमेर राजस्थान
मोबाइल– **9828186706**

भूमिका

कविता संग्रह 'मन की थाह' शिव कुमार दुबे जी का नया काव्य संग्रह है। इस संग्रह की कविताएं बहुत ही भावपूर्ण और महत्वपूर्ण हैं। कवि ने इस संग्रह में जीवन के प्रत्येक पक्ष को लेकर कविताएं लिखी हैं। यानी इस कविता संग्रह की कविताएं जीवन के हर पक्ष को उकेरती प्रतीत होती हैं। गाड़ियां इस संग्रह की प्रथम कविता है। यह कविता मानवीय जीवन की गति को प्रतिबिम्बित करती है। कविता 'बूढ़े होने पर' एक उदास कविता है जो बढ़ती उम्र की हताशा को दर्शाती है। एक बूढ़ा होता व्यक्ति किस–किस तरह उपेक्षित होता है उसकी मनः स्थिति का जीवंत चित्रण इस कविता में है। कविता 'याद रहेगा' सीमा पर बलिदान दे रहे जवानों की जीवटता और उनके बलिदान पर लिखी गई है। "श्रद्धांजलि" भी इसी भूमि पर लिखी गई कविता है। 'सच्चे भारतीय' भी ऐसी ही कविता है। 'मेरे देशवासियों' कविता का भी यही सार है। ये देशवासियों को संबोधित करती हुई कविता है। वर्तमान समय का माहौल बेहद दूषित और संक्रमित है। हर दिशा में नफरत और भेद भाव के बीज बोए जा रहे हैं। इस बात को बखूबी बिंबित कर रही है संग्रह की कविता 'काफिर'। संग्रह की अधिकतर कविताएं मानवता और मानवीय प्रेम को लेकर लिखी गई हैं। कहीं कहीं दर्शन का पुट भी मिलता है। 'क्या इंसानियत जिंदा है' एक ऐसी ही कविता है जिसमें कवि ने प्रतिबिंबित किया है कि कैसे इंसान कपड़ों और पहनावों के आधार पर धर्म और जाति में तब्दील हो चुका है।

कविता 'एक आस' में कवि ने जीवन को मदारी के एक

खेल की तरह परिभाषित किया है। कविता 'प्रेम' प्रेम की आत्मा को प्रतिबिंबित करती है। वास्तव में प्रेम कभी आउट डेटेड नहीं होता, यह हर युग समय और काल में अपडेट होता रहा है। इसी प्रकार कवि ने अन्य सभी कविताओं को नए–नए बिंब व प्रतीक दे कर चित्रित किया है। सभी कविताएं छंद मुक्त हैं फिर भी पढ़ने में सहज और पठनीय हैं। कविता संग्रह की कविताओं में प्रतीकों का अच्छा प्रयोग है। कविताओं की भाषा भी सरल और सहज है। कवि ने क्लिष्ट शब्दों से परहेज किया है। इसीलिए कविता संग्रह पठनीय बन पड़ता है। अखबार, दरवाजे, खुशबू, खुदा, मछलियां, चमचा, कदम, जीवन में कभी डरना नहीं, मजदूर, समीकरण, प्यार का आरंभ और अंत इत्यादि संग्रह की महत्वपूर्ण कविताएं हैं। स्तरीय और संग्रहणीय संग्रह के लिए कवि को हार्दिक बधाई और शुभकामनाएं।

डॉ. हुस्न तबस्सुम निहाँ
(मो) 09455448844

अनुक्रमांक

गाड़ियां

रास्ते चल रहे हैं
भागदौड़ रही हैं गाड़ियां
बेतहाशा धुआं गुबार छोड़ते
एक अंतहीन सफर शुरू हुआ है
अभी अनचाही ऊंचाइयों पर
पहुंचना चाहते हैं रास्ते
कुछ घुमावदार पड़ावों पर
नहीं थमती है गाड़ियां
अभी तक थकी नहीं है वे
उबड़ खाबड़ रास्तों को चीरती हुई
अनजान होड़ में दौड़ रही गाड़ियां
बेतहाशा ईंधन फूंककर हमारे
फेफड़ों में गंदगी की परतें
जमा रही गाड़ियां और हम
है कि मानते नहीं चलाने से गाड़ियां
कितने गड्ढों को अभी तक तब्दील
कर दिया है इन गाड़ियों ने
कितनों को कर दिया है काल कलवित
पर वे बेकलंकित होकर
बेतहाशा दौड़ रही हैं गाड़ियां
इस भागदौड़ में इंसान अभी भी
हांफा नहीं और अब पसीना
बहता नहीं इन गाड़ियों के मीटर
एक भयावह दुस्वप्न से जूझ
रहे हैं।

बूढ़े होने पर

बूढ़े होने पर
अब सम्मान नहीं मिलता
नहीं मिलता सहारा और अपनापन
हर एक बूढ़े आदमी से दूरियां
बना लेता है, उपेक्षा से
अब बूढ़े हताश रहने लगे हैं
पहले बड़े बूढ़ों का
बहुत आदर सम्मान
किया जाता था
महफिलों सभाओं और
स्वागत द्वारों पर इन्हीं बूढ़े बुजुर्गों
की उपस्थिति सबसे ज्यादा होती थी
अब बूढ़ों की जड़ें
कुम्हला सी गई हैं
पाश्चात्य संस्कृति को
अपनाते हमारे ही
बच्चों में अब अपनापन
नदारत सा पाया जाता है
बड़े बुजुर्गों की सलाह
पहले बड़े मायने रखती थी।
अब बुड्ढों को खूसट
और कमजोर माना जाता है।

धूर्त

धूर्त्तता अपने आप समा
जाती है, दिल में हमारे
धूर्त अपनी धूर्त्तता को
बहुत शिद्दत से करता है प्रस्तुत
धूर्त्तता स्वार्थ का ही दूसरा रूप है
धूर्त्तता वाचाल होती है
धूर्त अपनी धूर्त्तता का प्रयोग
चालाकी से बातों को
बनावटी ढंग से झूठे स्वांग से
नटखट व्यवहार से, इशारों से
चालबाजियों के सभी पेंतरे
इस्तेमाल करते हैं धूर्त
अपनी धूर्त्तता से अपना
स्वार्थ सिद्ध करते हैं गधे को
भी मामा बना लेते हैं धूर्त।

याद रहेगा

जाओ वीर जवानों
याद रहेगा बलिदान
कर नियति के हाथों
दुश्मनों की कुबृद्धि
उनके विनाश में शामिल होगा
तुम्हारा साहस, शौर्य और बलिदान
जो धर्म सिखाता हो
केवल अपनी ही इबारतें
उतारी गई हैं इबारतें
जहां इंसान के दिमाग को
कुण्ठित कर मस्तिष्क को
संकीर्ण बना जहां केवल
क्रूफ हो इंसानियत का जहां
जकड़ लिया हो संकीर्ण सोच ने
वहां इंसान इंसान नहीं
जानवर से भी नीचे
अपनी विचारधारा को
थोपने छद्म धर्म युद्ध
के नाम पर मानवता को
कलंकित कर खून के प्यासे
ये नौजवान स्वयं को
कल्पित स्वर्ग की सुहानी
अप्सराओं के मृगमरीचिका
के जाल में फंसकर
इंसानियत को तबाह कर रहे हैं।

श्रद्धांजलि

ऐ मेरे वीर जवान
हिंदुस्तान करे तुम्हें प्रणाम
अब सब साथ हैं, तुम्हारे बलिदान पर
ये भारत ऋणि रहेगा
तुम्हारे लहू की एक एक बूंद
सींच रही भारत की धरती
जहां सदैव पैदा होते रहेंगे
बलिदानी युवा जो देश के लिए
अपना सर्वत्र न्यौछावर कर
देश की सीमाओं को अक्षुण रखेंगे
याद रखेगा ये देश
तुम्हारा बलिदान
दुश्मनों के छक्के छुड़ाने में
अब भी हमारे जवान तैयार हैं
तुम्हारे कुंठित मनसूबों को
जर्मींदोज करने में
हमारा हौसला हमेशा तैयार है

जन्नत

ये असली जन्नत छोड़कर
ख्वाबों की जन्नत पर मत जाओ
एक राम यहीं मिलेगा वादियों में
खुलकर इसी जर्मीं पर सैर करो
नीला गगन श्वेत धवल
चोटियों से आच्छादित
बर्फ की चादरें देंगी सुकून
दिलों में तुम्हारे नफरत
का स्वाद निकल न जाए।
कब तक यूं अंगार दहकते
रहेंगे तुम्हारे सीनों में
ये अंगारों की तपन
से खाक कर देंगे दिलों को
तुम्हारी ये सरजर्मी
हम सब का ये वतन हमारा
अलगाव के बीज को भून दे
जहां से पनपे नफरत की ज्वाला
ये ज्वालाएं नष्ट कर देंगी
ये तुम्हारी सोच को विस्तार को
भारत से मिलों मिलकर
प्यार दो प्यार दो।

सच्चे भारतीय

मेरी है, कसम तुमको
मुझे स्वच्छ बनाओगे
भारत के हो सपूत
इसे हरा बनाओगे
कदम से कदम मिलाएंगे
हम सशक्त राष्ट्र बनाएंगे
हर हाथ को, काम हो
हर तरफ उन्नति और प्रगति हो
ऐसा हम विकसित राष्ट्र बनाएंगे
ले शपथ हम इस देश को
छुआछूत भेदभाव से मुक्त बनाएंगे
जहां हर एक जन देश का हो
जहां जाती पाती से दूर हो
एक सच्चे भारतीय कहलाएंगे।

मेरे देशवासियों

मेरे देशवासियों
रखना इसे सम्भालकर
बलिदानों से भरी दास्तानें
हम वतन पर मिटने वालों की
हर मुश्किलों को आसान बनाएंगे
रखेंगे शान तिरंगे की आबाद
हम प्रगति के हर आयाम बनाएंगे
आजाद हैं हम इसे और मजबूत करेंगे
चलेंगे कदम दर कदम देश के लिए
हम स्वच्छ और हरा भारत बनाएंगे
लेंगे कसम इस देश से
कर्त्तव्य की बलिवेदी पर खरा उतरेंगे।

अंकुरण

अभी अंकुर प्रस्फुटित होकर
ऊँचा उठने पर अग्रसर
जमीन अभी गीली है।
अंकुरित हुए पौधों को
छातियों से चिपकाकर
और ऊपर आकाश सूरज
हवाएँ नमी सभी एक साथ
प्रस्फुटन के बाद अंकुरित
बीजों को पनपाने प्रौढ़ बनाने
के लिये लगातार कर रहीं प्रयास
खेतों की क्यारियां भी
संचित किये हुए जल से
सींच रही पौधों को
जैसे एक मां स्तनपान
कराती नन्हें बच्चे को
आसमान प्रसन्न है
आने वाली फसल से
आदमी पेट भरने इसी
पौधे से निकले दानों पर
आश्रित है, और पक्षी भी
दाना चुगने – इन पौधों से
पाता है, एक आस
पेट भरने की।

काफिर

हम सब काफिर हैं,
क्योंकि हमारा खुदा
पैदा करवा रहा सोच काफिर
दर्द और सुकून में हमने
क्या खोजा है अब तक
काफिर–काफिर कहते–कहते
इंसान थककर सो गया है
ये जुनून और सुकून
सब छिन रहा है।
ये सोच की दीवारें
दिलों में बैठ गई हैं।
जिसे हर खुदा अपनी
इबादत में दिखा रहा है
अब जतन सहज नहीं है
दिलों में नफरतों के ज्वार
हिलोले ले रहा है।
ये कट्टरपन की सोच
इंसानियत को बोना कर रही है।

क्या इंसानियत जिंदा है?

सृष्टि के आरम्भ में
इंसान केवल इंसान था
धीरे-धीरे विकास के क्रम में
करता गया प्रगति बनने
सभ्य बहुत मेहनत करके
बना वो इंसान
फिर विकसित किया धर्म को
अब वो डरने लगा प्राकृतिक आपदाओं से
पृथ्वी पर आने वाले अनेकाअनेक
संकटों से जूझते हुए जब
आशंकित होकर घबराने लगा
तब इंसान को याद आया
ऊपर कोई ईश्वर रहता है
जिसकी शक्ति अपार है
जो हमें दुःखों से करा सकता है मुक्त
इसी उधेड़बुन में धर्मों का जन्म हुआ
अब इंसान से इंसान
धार्मिक कहलाने लगा
उसने अपने-अपने धार्मिक
स्थल अपने धर्म अलग-अलग
बनाएं यहां तक कि वेशभूषा
भी अलग-अलग बनाकर
टोपियां भी अलग से बनाकर
पहन ली गईं अब इंसान
धर्म के नाम से पहचाना
जाने लगा, कुछ ने अपने

देश नगर मौहल्ले के नाम।
अपने बच्चों का नाम
अपने प्रतीक चिन्हों का नाम
अपने धर्म के हिसाब से रखा
इतना ही नहीं, यही
धार्मिक व्यक्ति अपने मत
में इतना मधांत होकर
एक दूसरे के खून का
प्यासा होकर खून खराबा
करने लगा कि
वो अपने ईश्वर, अल्लाह
भगवान को अलग-अलग
मानने लगा, उसने कहा
कि उसका धर्म ग्रंथ ही
केवल मुक्ति का मार्ग है
उसकी धार्मिक किताब
ही सर्वश्रेष्ठ है इसे जो
नहीं मानेगा उसे जीवित
रहने का अधिकार नहीं
उसे मानने से पुण्य मिलेगा
वह स्वर्ग में जाएगा
वहां उसे अप्सराएं मिलेंगी
कट्टरपंथ इस कदर
इस धार्मिक इंसान पर
प्रभावी होकर रह गया
कि उसके दिमाग में
शैतान बैठ गया
जो कि मानवता का

खून बहाने लगा
हर जगह ये मानव बम
विस्फोट कर रहे हैं
मानवता को तार-तार
कर रहे हैं
बंदूकों के सायें में
इनको दबाया नहीं जा सकता
सबसे पहले इनकी
शिक्षा तालीम को
बदलना होगा
नहीं तो मानवता को
मानव बने रहने की
भारी कीमत चुकानी पड़ेगी।

एक आस

जीवन एक खेल है
मदारी एक खेल खिलाता है।
बहुत अच्छा मदारी
जीवन संघर्ष के खेल में
अपने जम्बूरा को पूरी
तरह से निपुण बनाकर
इस खेल को रोमांचक
बना देता है
कमजोर मदारी अपने
जम्बूरे का खेल बिगाड़
सकता है,
जीवन के हर खेल में
डोर मदारी के हाथ है
और हमारी डोरी
हमारे किये गये
अच्छे बुरे कार्यों का
लेखा-जोखा रखती है
जीतना हारना एक
नियति है
एक आस जीवन की डोर
को थामे रहती है।

डरो मत कभी भी

डरो मत कभी भी
जब तुम्हारे पैर लडखड़ाएं
सम्भल जाओ खुद जब
कोई तुम्हें गिराए
मत करो फिक्र उसकी
जो करता है निंदा
हौसलों को सदैव तरकश
पर चढ़ाए रखना
निशाना हमेशा लक्ष्य पर
बनाए रखना
मत घबराना जब
सांसे तुम्हारी फूल जाएं
धीरे धीरे ही सही
सांसों से बनाना रिश्ता
उखड़ने मत देना
अपनी सांसों को
अपने विश्वास को कभी
डगमगाने मत देना
रखना अटल विश्वास
स्वयं पर
जीतेंगे हम एक दिन
हार का कभी नाम मत लेना
ये दुनिया बहुत तंग दिल है
घायल कभी होना मत
घायल को और घायल करते सभी
तड़पते हुए घायल

को सभी
अवसर की ताक में
रहते उसे बनाने
अपना निवाला
सतर्क रहो अवसर की
तलाश में रहो
जब भी गरम हो लोहा
तभी उसे ठोक दो
वो तुम्हारे अनुरूप आकार में ढल जाएगा
बस स्वयं सकारात्मक रहो
तब हर राह आसान बने।

हम सब क्या कर सकते हैं

हम एक नया जीवन जी सकते हैं
तुफानों से लड़ सकते हैं
अपने आप को कर्मठ
मेहनतकश बना सकते हैं
खेत खलिहानों में जाकर
नया बीज रोप सकते हैं
नए पौधे उगने पर
उनको संवार सकते हैं
हम हर जगह नई
तस्वीर बना सकते हैं
आकाश हो पाताल
हम अपने इरादे मजबूत
कर सकते हैं
हम दे सकते हैं
बच्चों को
नादानों को असहायों को
सहारा
हम देश दुनिया की
तरक्की में भागीदार
बन सकते हैं
हमारी हर राहें
आसान बस हमें
निरंतर आगे बढ़कर
अवरोधों को
हटाते जाना है।

प्रेम

मैं तुम्हारे बिना जीवित
नहीं रह सकता
तुम कितनी कोमल हो
सुंदर हो तुम्हारी
आंखे हिरनी जैसी
गाल गुलाब की तरह
होठ सुर्ख लाल
इतना कहकर
अमित उसके गालों को
छूकर चूमने लगा
झाड़ियों की हरकतों
से गार्डन में घूम रही
बुर्जुग महिलाओं की निगाह
प्रेमी युगल पर पड़ी
उसने सहज पूछा
क्या कर रहे हो
सुनसान जगह पर
लड़का बोला प्रेम कर रहे हैं
महिला बोली प्रेम अनंत है।
उसका शरीर से कोई संबंध नहीं हैं
ये तुम्हारी वासना का
ज्वार है
ज्वार खत्म होते तुम्हारा
प्रेम भी खत्म हो जाएगा।

आत्मनिर्भर बनो

आत्मनिर्भर बनो
यह ऐसा हथियार है
जो हमेशा काम आता है
हमारा जीवन स्वच्छ और हृष्ट पुष्ट बन जाता है
आत्मनिर्भरता हमें
आत्म विश्वास सिखाती है
संघर्ष में हमेशा
लक्ष्य पर पहुंचना सिखाती है
उतार चढ़ाव के बीच
सामन्जस्य करना बताती है
तब जिओ निभाने
कर्त्तव्य अपना अपना
लक्ष्य को पाने
आत्मनिर्भर बनो
जो स्वाभिमान को
जगाता है स्वावलम्बन
का पाठ पढ़ाता है
यही एक उपाय है
जीतना है मंजिल पाना है
कदम कदम बढ़ाते रहो
आत्मनिर्भरता को अपनाते रहो
यही विजयमंत्र है हमारा
हमें बनाएगा विश्वगुरु
आत्मनिर्भरता का मंत्र ही अब हमारा सहारा है

प्यार की मंजिल

प्यार की मंजिल,
राह में कांटे हैं।
जलता है जमाना,
वहां जहां प्यार के दिवाने हैं।
कोई टंग जाता है सूली पर,
कोई बैगाना होता है।
जो चलता है इस राह पर,
वो राह भटक जाता है।
वो चाहने वाले
एक दूजे को
इस कदर दिवाने होते हैं।
चलते चलते लडखड़ाते
हंसते-हंसते झूमते हैं।
न रखते अपना ख्याल
बस धुन के पक्के होते हैं।
जिस राह में चल दिए,
बस उसी राह के दिवाने।
न कोई राज उनके दिल में
बस हर चीज बेखौफ होती है।
न कांटों की परवाह
न ठोकरों का डर होता है
वे सच्चे प्रेमी जो
करते प्राण न्यौछावर
इस कठिन डगर पर
ये उनकी अप्रियतम निशानी।

जय हो

जय हो भोला भंडारी
हमारे घर-घर में बसे
भोला सीधा साधा
डमरूधारी, गले सर्प की माला
मस्तिष्क में हैं चंद्रमा धारण
त्रिनेत्र का स्वामी है
हमारा भोलेनाथ
डम डम डमरू बाजे
तब नटराज कहलाए।
गले में विषधारी
त्रिपुण्डधारी, त्रिपुरारी
है अर्ध नारेश्वर
विश्व कल्याणकारी
हे मेरे महादेव भोला
सरल मंत्र हे भाई।
ओम नमः शिवाय का
जो जाप करता
भक्ति का मार्ग वो पाता।
अक्षय वरदानी भोला भंडारी
विष का प्याला पीकर भी प्रसन्न है
मेरा भोला भंडारी
प्रलयकारी, निर्माणकर्ता है महादेव
सर्वज्ञ, सहज, सरल स्वामी देते सबको
ध्यान, ज्ञान का वरदान
है भोला भंडारी।

बरसात का मौसम

हरियाली की चादर ओढ़
धरती आज इठलाई है।
चारों ओर पड़ी बूंदे
उनमें बीज अंकुरित हों
फूट पड़े बनने वृक्ष
लताएं बढ़ने को हैं आतुर
झूम-झूम पत्तों ने मनाईं।
आज सारी की सारी खुशहाली।
मेघ बरस रहे कहीं गरजकर
कहीं थमकर कहीं बरसें फुंहार बनकर
अंग अंग महकाया है
फुंआरों की बारिश की
कोई प्रिया मिलन की आस में
कोई अपना घरौंदा संवारने
के इंतजार में है
कोई हरियाली खड़ी फसल
की निराई गुड़ाई में है व्यस्त
बरसात में पक्षियों का कलरव
झरने का बहना
पानी का पत्थरों से टकराना
और टकराने के बीच
निकलकर जोखिम भरे रास्तों
से गिरते नदी नाले
मचाते तबाही लेते जान
करते नष्ट फसलें, बाढ़ें करती बेहाल आबादी

पर किसी भी बारिश पर आनंदित
उल्लासित प्रफुल्लित करतीं हमें।

पृथ्वी का दोहन

हरियाली ने लम्बे सूखे के बाद
होने वाली बारिश से
पड़ी बूंदों से ठंडक पाकर
उसकी गोद में पड़े बीजों
से अंकुरित होकर नन्हीं नन्हीं
घास उगाकर पृथ्वी को
हरियाली की चादर ओढ़ाकर
सभी जीव जंतुओं को जो
धरती की छाती पर
विचरण करते हैं।
एक सर्वांगीण आनंद
उत्साह दिलाए।
उनके अपने भीतर
ये उगी घांस खिलाकर
तृप्त कर रही हैं।
वहीं पानी भी एकत्र होकर
वहीं तालाब झरना पोखर
वहीं राहत का अहसास करता
ये प्रकृति है।
वनवार ऐसी ही नमी हरी होकर
कभी बंजर बनकर हम
सबको पोषण देती।
अपनी कोख को हमेशा रखती है जाग्रत ताकि
हम उसका दोहन, करते रहें हमेशा

धर्म

धर्म है अदृश्य
आस्था समाहित है
अंतर्मन में जहां से शुरू होता है
उजाला और आस जीवन
वहीं से शुरू होता है
अंकुरित होते बीजों में
प्रस्फुटन का स्वभाव
वृक्षों में फल लगने की
स्वाभाविक प्रवृत्ति
जल स्रोतों का स्वाभाविक फुटना
जीवों का जन्मचक्र
सभी कुछ स्वाभाविक है इस जगत में
पर अभी भी मानव की प्रगति
भौतिक सुखों पर आश्रित हैं
और कृत्रिम संसाधनों की अनगिनत
बढ़ोतरी हमें मानव से मानव
बनाने में मुश्किलें कर रही है उत्पन्न
उठो अभी, जाग्रत अवस्था में
चेतन से अवचेतन पर मत लौटो
अभी भी तापमान को कम किया जा सकता है
इस आस में कि अभी हमारी जरूरतें कुछ
ठंडे बस्ते में रखने लायक हैं।

हथियार

अभी आप हथियार खरीद रहे हैं
बढ़े विज्ञापन देकर देश की सुरक्षा
के नाम पर बहुत ही मारक
क्षमतावान हथियार हर
देश अपनी राष्ट्रीय अस्मिता को
सुरक्षित और अखण्डता को
अक्षुण बनाए रखने के
लिए खरीद रहा है
एक दूसरे की मारक
क्षमता का आंकलन किया जा रहा है
और इस पृथ्वी को अभी भी
भीषण बमबारी की सम्भावनाओं
से तोला जा रहा है
वहीं इंसानियत को जेबों
में डालकर दलाली अभी
भी शेष है
हमारे सभी हुक्मरानों में
क्योंकि एक छोटी उम्मीद
की किरणों को जीवित
रखता है अपनी
स्मृति में जहां मानव
अपनों को गले लगाने में
अभी भी बेकरार है।

मंदिर, मस्जिद एवं चर्च

मंदिर मस्जिद चर्च
सब सुने सुने
न घंटियों की आवाजें
न अजान की आवाजें
न चर्च की घंटियां
सब कुछ शांत है
कोरोना के प्रकोप से
लेकिन चहलकदमी है
मयखाने में अभी भी
लोग अब खुदा से भी
बढ़कर हो गए हैं
क्योंकि वो मदिरालय
से आकर पूरे जोश में
मदमस्त हो मौत को
भूलकर शराब के
सुरूर में समा गई है
सरकारें अब मद्यपान में
डूबती नजर आ रही हैं
खुद से कर तौबा
अब शराब से यारी
बढ़ा रही है
न फिक्र है चमन की
न आम इंसान की
किस कदर लुटाता है दौलत
वो शराब पर अपने ईमान की
मुश्किल से जुटा पाता है

दो वक्त की रोटी
पर कुछ घूंट में उड़ाता
वो रकम मेहनत की
वही बीबी और बच्चे करते
इंतजार अपने पापा का
लाएंगे वो टॉफी और अनारदाना
पर वो तो मदमस्त सब लुटाकर आये
और इसी गम में वो पीटता है
अपने बच्चों को बड़ी बेरहमी से
सबकुछ लुटाकर शराबी
आता है जब होश में
सब लुटापिता नजर
आता है उसे।

दोस्ती

दोस्ती एक बेमिसाल हिस्सा है
जिन्दगी को बनाने संवारने में
दोस्तों की अहम भूमिका होती है
अच्छा दोस्त जीवन मे निखार और
तराश कर तुम्हें हीरा भी
बना सकता है
संगति का असर जीवन मे
प्यार सौहाद्र बनाकर आपका सफर आनंदमय बना
सकता है
दोस्त जो हमारी अनमोल धरोहरें
हैं जो अपनी दोस्ती को
निभाने के लिए त्याग और बलिदान तक
दे देते थे खुशी खुशी
वो अब भौतिकवाद की दौड़ में
आपाधापी में गुमनाम हो गए हैं
बहुत मुश्किल से मिलते हैं
मुश्किल में खड़े होने वाले दोस्त
पर जो जुड़ चुके हैं रगों से हमारी
वो दोस्त गहरी जड़ों तक समाये हुए हैं जड़ों में
हमारी हम करते नमन
ऐसे विरले दोस्तों को प्रणाम।

वीरों की याद में

वीरों की याद में
लगा धूल माथे पर
बिछा देंगें पंखुड़ियां पुष्पों की
उनकी स्मृतिशेष यादों में
प्रज्वलित करेंगे दीप
जहाँ से निकलेगी
वीरों की यादों में प्रभात फेरियां
प्रणाम हे। वीर मातृ तुम्हें
जो जन्मा ऐसा वीर
मातृभूमि में बलिदान होने
निकला घर से सीना तान
हे। वीर बालाओं तुम्हें प्रणाम
वज्र रख हृदय पर
लगाकर तिलक
करते हो विदा रणभूमि में
अपने अप्रितम प्यारे को
याद कर तुम्हें चिता राख से
लगाएंगे माथे पर तिलक
चूम लेंगे कब्रों को तुम्हारी
व्यर्थ होगा नहीं बलिदान
राष्ट्रधर्म के कार्य में
बलिदान होता वीर हमारा
विसर्जित हो रहे आत्मिक अश्रु
वीरों की गाथाओं पर
रक्तरंजित है रण भूमि

वीरों के रक्तकणों से
अक्षय रखे हुए हैं
हमारी स्वतंत्रता ये है
वीर जवान हमारे
प्रणाम उन वीरों को
जो करते प्राण निछावर
रक्षा करने मातृभूमि की
अब देश की शान में
लहरायेगा तिरंगा
सीमाएं रहेंगी सुरक्षित
जहाँ के वीर जवान
तत्पर हो करने
बलिदान सदैव।

विघ्न विनाशक

विघ्न विनाशक प्रथम कार्यसिद्धि
के सूत्रधार
प्रणाम करता तुम्हें
हर मानव बारम्बार
बुद्धि के रक्षित प्रभु
प्रवाहित कर दो ऐसी चेतना
ताकि आकाश से उतरा
हर मानव देवदूत नजर आए
जहाँ मानव को मानव से
जोड़ने की आशा हो
ऐसी बुद्धि का दीप
प्रज्ज्वलित कर दो
हे। प्रभु प्रकाशित कर दो
मस्तिष्क की चेतना को
ताकि बुद्धि कभी दम्भित
होकर क्रूर न बन जाये
आशाओं की किरणों में
ऐसा विचार भर दो
ताकि इच्छाएं कभी भ्रमित
होकर वासनाओं में न फंस जाएं
हे। विघ्न विनाशक हमारे भीतर
ऐसे गुणों को कर दो समाहित
ताकि हम बैर से दूर होकर
भाईचारे की भावना से
परस्पर गले मिलाऐं
मंगलमयी जीवनज्योति जले
प्रभु ऐसी राह दिखाना

एक युगपुरुष का आगमन

देश को जागृत समृद्ध कर
राष्ट्र की ख्याति देश दुनिया तक
राष्ट्र के स्वाभिमान को अक्षुण्ण बनाने
प्रगति विकास आत्मनिर्भरता
के नये सौपान प्रस्तुत कर
विश्वपटल पर भारत की शान बढ़ाने
संकट में सबको साथ लेकर
देश का गौरव बढ़ाने
प्रिय अप्रिय निर्णय लेने
हम सबके हित सर्वोपरि
समझ
देश मे नवीन ऊर्जा
प्रस्फुटित कर
हिमालय से लेकर कन्याकुमारी तक
सुदृढ़ भारत की नींव रख
पथप्रदर्शक बन
सर्वजन हिताय सर्वजन सुखाय
को चरितार्थ कर भारत के नए
सूर्योदय से सभी को प्रकाशवान
कर
समस्त ऊर्जा को जन-जन में
प्रवाहित कर रहा
सदी का योद्धा जननायक
मनमोहक मोदी हमारा

उम्र

उम्र ढल जाती है
पर दिल जवां रहता है
कौन कहता है कि
उम्मीद खत्म हो जाती है
पर आस बाकी रहती है
उम्र के उस पायदान पर
खुद पर भरोसा रखना
कौन अपना और कौन पराया
शरीर ढलने पर मालूम होता है
यूं तो तुमने बहुत
अरमान पाले दिल में
कुछ पूरे हुए कुछ अधूरे रहे
मत कर गम ए मेरे दोस्त
अधूरे अरमानों पर
एक दिल को समझा ले
दिमाग तो सदा तैयार रहता है
पर दिल हे कि मानता नहीं
अपनी मोहब्बतें बहुत
सताती हैं हमें पर
अब मोहब्बतों पर
एतबार करना नहीं
मिलता नहीं सुकून
अब दिलबरों से
एक रब ही है
जो दिलासा देता है हमें

जूता

जूता पहनती है
केवल आदमीयत
बचाते चरण धूल दूषित
रास्ते से करते निष्कंटक यात्राएं
बिकने लगे जूते अब
शो केसों में
बहुत खूबसूरती से सजाए गए
खानों में
बहुत इज्जतदार हो
गया है जूता
जूतियां भी ओरतों की
बड़ी महंगी हो गई हैं
सज रही हैं इतनी दुकानें
गली चौराहे ओर
सम्भ्रांत इलाकों में पर
अब ज्ञान विज्ञान की
सजीधजी किताबों की दुकान दिखाई
नहीं देती है बस घड़ी
जेवरात कपड़ों से भरे शोरूम
दिखाई नहीं देती
कोई अच्छी कहानी कविता की किताबों की दुकानें
कोई नई खोज की पुस्तक
अब गलियों में नहीं मिलती
रोड पर जमीन में
फैला कर बिछाकर
बेची जा रही हैं किताबें

अपनी दुर्दशा पर रो रही हैं किताबें
जूते शान से बिक रहे हैं गली-गली।

हम सब मारे जाएंगे

यदि थोड़ा मुस्कुराओगे नहीं!
यदि थोड़ा नहीं करोगे सहयोग
थोड़ा दौड़ोगे नहीं भागदौड़ के बीच
थोड़ा करोगे नहीं आराम
थोड़ा थोड़ा ही सही
बचाओगे नहीं पानी
हवाओं को नहीं करोगे प्रदूषित
थोड़ी सी नहीं चलाओगे साइकिल
नहीं खाओगे एक दिन फास्टफूड
नहीं पियोगे एक दिन पेप्सी और कोला
एक दिन मिल बैठकर मिलो
अपने पुराने दोस्तों और रिश्तेदारों से
हमें ही अब बचानी होगी मानवता
बनकर सहृदय करना होगा सहयोग
असहायों की करनी
होगी थोड़ी सी मदद
अस्पतालों से निकलती होगी
एक आस
मरीजों को देखकर ना थमाएं
जो भारी-भरकम बिल
चारों और बेईमानों को
करना होगा थोड़ा सा सच्चाई का काम
हमें बचाने के लिए
हम बचेंगे तभी कर सकेंगे
आप व्यापार

इस धरती को मत
बनाओ प्रदूषण की प्रयोगशाला
अब जरूरत है, थोड़ा सा
रफ्तार को धीमा करने का
समय आ गया है जब हम
घर के पास लाएंगे मन से
एक पेड़
कम कर देंगे कीटनाशकों का प्रयोग
थोड़ी सी इमानदारी करें
कम कर दे प्लास्टिक का उपयोग
दैनिक जीवन में अपना जीवन सुरक्षित रखने में
खेतों और खलिहानों को बचाएं
अति प्रदूषित कीटनाशकों से
दोस्ताना पर्यावरण की कर रक्षा
हम सबके लिए जिएं
सबका कल्याण हमारा हित
यहीं निहित है मानवता का बीज।

निर्वाण

हिमालय की उच्च हिम शिखाओं पर
बैठी तपस्या की मान्यताएं
मानसरोवर के तल पर
असीम शांत शक्ति पुंजों
की श्रृंखलाएं अतीत वर्तमान और
भविष्य से जुड़ी स्मृतियों का व्याख्यान
मन में छिपी अदृश्य शक्तियों
को पाने की लालसा
यहां केवल निश्चल मन
अप्रियतम सौंदर्य
नैसर्गिक स्वच्छ समीर की
मंद मंद हवाएं
स्पर्श कर आहादित करती
जहां स्वर्गिक अलौकिक आनंद
स्वस्फूर्त करता आह्वान
वहां अंतर्मन लीन है निर्वाण की चाह में।

रौशनी के लिए

उत्तंग श्रृंखलाओं में डूबी चांदनी
से चहूंओर उजास किरणें कर
रही रात्रि विचरण
कण–कण में समाहित
उल्लास कीटों का पतंगों का
उजालों को पाने की चाहत
वहां सभी कर रहे जान न्योछावर
अति सूक्ष्म जीव भी किरणों को
पाने अति उत्साहित हैं यहां
रात्रिकालीन नव चर जलचर थलचर
सभी एकाग्रता से कर रहे इंतजार
बस एक रौशनी जो दे सकती है
तृप्ति अनजानी संतुष्टि
को पाने कर रहे समर्पण पूरी
की पूरी जिंदगी एक रौशनी के लिए

शक्ति रूपेण

शक्ति रूपेण जननी सतत प्रणाम
वंदन अभिनंदन आगमन आहूत
कलयुग के कर्मों पर आश्रित
सृष्टि की संरचना का प्रारंभ
मां की प्रारंभिक उत्पत्ति से संपन्न
मातृशक्ति सार्वभौमिक सत्य रूपेण
पुरुष प्रकृति का मिलन संतति
का उदय जीवन चक्र का आरंभ
हे मां सनातन संस्कृति की
रक्षार्थ आधुनिक मानव प्रयोगों
की श्रृंखलाबद्ध खोज
समयांतर समसामयिक विचारों
का मंथन मर्मज्ञ ज्ञानी अब
प्रवृत्तियों के अधीन अस्मिता
खो रहे हैं सुधि जन अब
प्रणाम मां सब सदबुद्धि का करो
सृजन ताकि मानव को मानव
का हो प्रतीति आदिम प्रवृत्ति
की और बढ़ता मानव
हिंसा द्वेष परस्पर प्रतियोगिता
में संलग्न हो आगे
बढ़ने की होड़ में बहुत
पीछे रह गया है आदमी
उत्प्रेरक संदेश की चेतना
को प्रवाहित कर दो मन मस्तिष्क
में ताकि मानव मानव का दोस्त बन जाए।

मन

क्षणिक मन पा लेना चाहता है
सर्वत्र इसी उलझन
में गंवा देता है जीवन
पागलपन की हद तक
और कोई जाता नहीं
हर एक लक्ष्य में
तत्काल पाना चाहता है
मोहब्बत में अब समर्पण नहीं
कुछ पा लेने की
नियत कायम है
इश्क और मुश्क
छुपते नहीं
अब छुपते की
जरूरत खत्म हो गई
प्यार में अब
त्याग की जरूरत नहीं
प्यार अब शरीर की
जरूरत हो गया
इतनी लंबी भूमिका
में जीता है प्यार
का नाम चांद सितारे
से आरंभ होकर
गर्भपात पर खत्म होता है
खुद कर लो ख्याल
तुम्हारा करेगा कौन ख्याल

अब दोस्ती भी पैमाने पर
तुलने लगी।

हाथों की करामात

हाथों की करामात
इन दो हाथों की लकीरों
पर नहीं लिखी होती
किस्मत की इबारत
लिखनी होती है, किस्मत
खुद इन हाथों की कलाइयों
में छुपी होती है असली
मेहनत जीवन में कुछ पाने
को मेहनतकश हाथों को
करना होता है सतत प्रयास
सदाबहार खुशनुमा सफरनामा
का बस यही है पैमाना
लगातार हाथों को लगाओ
सक्रिय कामों में ताकि
लक्ष्य कितना दूर होकर
भी पास आता चला आए
सबको मालूम है
सबको खबर है
खाली हाथ आना जाना है
जब यही जमीन पर
भरा जाता है
मकान दुकान सामान
यहीं सब पाया जाता है
किस्मत की लकीरें
तकदीर से भी

लिखी जाती हैं
कुछ हैं जो अपनी
तकदीर खुद लिखते हैं।

खिलाड़ी

खिलाड़ी अच्छी तरह
से सिखाता है खेल को
तन्मयता और लगन से
लक्ष्य को पाने हर एक
खिलाड़ी जीवन में खेल में
बहुत जतन से खेलता है
अभ्यास से ही लक्ष्य
को पाया जाता है
यही खेल का नियम है
जीवन के हर मोड़ पर
हम खिलाड़ी हैं
और हर खेल
में निपुणता धैर्य साहस
दिला सकते हैं हमें जीत
और हार जाना भी एक
जीत से कम नहीं है
जब तक हारे नहीं
तब तक जीत का
महत्त्व हमें पता नहीं होगा।

प्रतीक्षा

उनकी नम आंखों में
एक गहरी उदासी है
उनकी सांसों में एक
इंतजार है
उनके हृदय में समाया हुआ
है, एक प्रेम का सागर
उनकी बाहें खुली है
किसी के आगोश के
इंतजार में
उनका कटिप्रदेश अभी भी
कांप रहा है, मिलन की
आस में
उनकी जंघाओं में
अजीब सा
कंपन है,
उन्हें प्रतीक्षा है ढाढ़स
की सांत्वना की
जो संभाल सके उन्हें
गिरने से बचा सकें उनके
कदम को जो आगे बस उन्हें
उसी का इंतजार है।

तो थोड़ा बच के चलना

यह दुनिया बहुत
उलटी पलटी है
यहां सीधे होने से
काम नहीं चलता
यहां थोड़ी चालबाजी
थोड़ी बेईमानी
थोड़ी मुस्कुराहट और
थोड़ा सा छिछोरापन चाहिए
जुबान थोड़ी मीठी
हृदय में थोड़ा कपट
रहस्य को बनाए रखना
थोड़ा लालीपाप दिखाना
थोड़ी सी इंसानियत
और थोड़ी सी बेईमानी
थोड़ी सी रफ्तार
थोड़ा धीमा चलना चाहिए
हर एक से प्यार
और अपनापन
पर खुद को थोड़ा बचाकर
निकलना चाहिए।

लाठी पकड़कर चलना पड़ता है

एक बच्चा बड़ा नटखट
चंचल उतावला होता है
एक बूढ़ा आदमी थोड़ा ढीला
दवाइयों की उलझन में फंसा
नियमित व्यायाम और खुद
को स्फूर्त करने में तल्लीन रहता
कभी शूगर बढ़ती है
कभी बीपी बिगड़ता है
कभी बीवी झगड़ती है
कभी दिल रगड़ता है
कभी घुटनों में टीस होती है
कभी पंजों में दर्द होता है
कभी झुर्रियों को देखता है
कभी बालों पर गौर करता है
कभी पुराने इश्क को पकड़ता है
कभी विटा एक्स गोल्डन लेता है
फिर से बुढ़ापे को हराने
की कोशिश में बार-बार
चढ़ता है बार-बार
झुकता है पर धीरे-धीरे
आगे लाठी पकड़ कर चलना ही पड़ता है।

घड़ियां

घड़ियां थकती हैं
कांपती हैं थरथराती हैं
उनकी बैटरियां जब धीमी होती हैं
तब परेशान होकर धीमी हो जाती
घड़ियां
हर वक्त हर नब्ज की
गवाह होकर
सृजन के समय, दुख के साथ
चलती रहती हैं घड़ियां
हर कमरे या हाल से
चिपक कर चलती रहती हैं घड़ियां
बहुत सी खुशियों, उदासियों
की गवाह होती हैं घड़ियां
हम उन्हें देखते नहीं
वह हमें हमेशा देखती
रहती हैं घड़ियां
तुम्हारी जवानी बुढ़ापे
और रोमांस से भरी
होती हैं घड़ियां
अकेलेपन में काटने को
दौड़ती हैं घड़ियां।

अखबार

हर सुबह जमीन पर
फेंका गया
दरवाजा खोलकर
उठने से लेकर इंतजार में
हाथों में शिद्दत से अभी
भी पढ़ा जाता है, अखबार
आंखों की चमक दिल
की धड़कनों से बिना
तालमेल अखबार अभी
भी विज्ञापनों से जूझता
जिसमें अनेक समस्याओं
का समाधान झाड़-फूंक
से लेकर हस्तरेखा,
भविष्यफल, जवान बनाने
के नुस्खे फैशन के किस्से
फिल्मों की नुमाइश के
इश्तहार
जोड़ी बनाने की फितरतों
से दुर्घटना, चमत्कार
राजनीति, आर्थिक उतार चढ़ाव
का बयान, हर रोज करता अखबार।

दरवाजे

दरवाजे खुलते हैं,
बंद होते हैं
अपनों के लिए,
परायों के लिए,
दरवाजें पहचानते आवाजें
अपनों की
कदमताल से सहम जाते हैं
दरवाजे
अन्याय, शोषण चीखों की
दास्तानों से भरे
हैं, इतिहास बंद दरवाजों
के पीछे होने वाले खेलों का
बंद दरवाजे सुरक्षा
से आश्वस्त होते हैं
ऐसा सदैव होता है क्या ?
खुले दरवाजे ठंडी
हवा गर्म धूप अपनापन
में सरोवर होकर
असंख्यजन को
अभी तक संतुष्ट कर रहे हैं

खुशबू

प्यार के इजहार
की खुशबू
दिल के अंदर उतरकर
मौसम बदलने की खुशबू
गीली सोंधी नमी की
खुशबू
मजदूर, कारीगर, मेहनतकश
लोगों की खुशबू बदबू में
बदलकर सृजन का निर्माण करती
दिमाग में उपजी खुशबुएं
अपना अलग-अलग लगाकर अर्थ
मदहोश करती रही सभ्यताओं को
और सभ्यताएं इन्हीं इत्रों
की खुशबू से दबी होकर
बदबूदार काम करवाती रही
अपने अधीन उन लोगों
से जो दबे, कुचले सहमे
उनके दरबारों में
खुशबुओं का इंतजाम करते हैं।

खुदा

सारे संसार का
खुदा एक है
सभी यही मानते हैं
आदमी का अहम उसकी
परंपरा वेशभूषा रहन-सहन में
खुदा को अपना अपना
आकार देकर भूल भुलैया के
इस जाल में फंसा लिया है
जहां से निकलना मुश्किल या
नामुमकिन हो गया है
खुदा को इतना
विकृत बना दिया है
हमारे गुनहगारों ने
एक परमपिता निराकार
को पाने झूटी शान में
झंडे गाड़ता फिर रहा
गली गली चौराहे चौराहे
अपने अपने खुदा की
शान बढ़ाने।

मछलियां

मछलियां अभी भी
नहीं बदली है
बरकरार है, उनका
उछल कूद करना अठखेलियां
खेलना
बंसी में फंसे चारे
को खाने में और
बिछे हुए जालों
में फँसना
सब कुछ पहले जैसा
अब भी जारी है
अपने बचाव में अभी तक
कुछ सीखा नहीं
मछलियों ने आदमी जैसी चाले
पैंतरे बदलना चालबाजी करना
इसीलिए अभी तक फैलाए
गए जालों में फंस रही मछलियां।

मेला

सदियों दर सदियों
से लग रहे मेले
कस्बों, शहरों से
होकर महानगरों तक
नदी के तटों से लेकर
समुंद्र के किनारों तक
मेले लग रहे, पुण्य
कमाने, मैला धोने
सतरंगी सपनों से सजे
मेले अभी भी हमारे
अंतस मानस तक
गहरे पैठ जमाए
श्रद्धा विश्वास की
जहां लूटपाट दगाबाजी
छल कपट सभी कुछ मौजूद है
श्रद्धालुओं की श्रद्धा में
सेंध लगाने।

शतरंज

चालें शतरंज की
निर्धारित रहती
आदमी की चालें शतरंज
से ज्यादा पेचीदी
चाल चलने की नियत
और परखने के बीच
उलझा सा रहता हर एक
खेल और चाल के बीच
मात खाने से डरे हुए हम सब
कोई सीखता नहीं चालों से
सारा जीवन गुजर जाता
यही चाल और बाजियां
सारे जीवन को उलझनों
और परेशानियों में बिताकर समय
जीवन चक्र चलता रहता
बगैर सीख के अंतिम सांसों तक।

चमचा

चमचा कोई छोटा और
कोई बड़ा
हर एक चमचे की
अलग शान होती है
कोई बहुत सलीके से
इस्तेमाल करता है
अपना चमचा
चमचागिरी में
बड़ी स्पर्धा है
आजकल कोई मुस्कुराकर
कोई सलाहकार कोई
बजाकर कोई दबाकर
निभाता है, चमचागिरी
चमचागिरी का उद्देश्य
अपना उल्लू सीधा कर
तत्काल और दीर्घकालिक
स्वार्थ निहित होते हैं
चमचागिरी की यह कला हर किसी
के बस की बात नहीं
आत्मसम्मान खोकर
करनी होती है चमचागिरी।

मेरा कांधा

तुम्हारे लिए यह कांधा
अभी तैयार है
तुम्हारी उदासी में
तुम्हें सहारा देने को
जब तुम महसूस करती हो
आराम मेरे कंधे के सहारे
मेरे इन कंधों पर
पड़ा बोझ
मुझे कोई तकलीफ नहीं देता
यह एक संतुष्ट होती आस्थाओं का
विश्वास का सहारा है मेरा कांधा
जब तुम अवसाद में
अपनेपन से पीड़ित हो
मैं सदैव अपना
कांधा झुका दूंगा
तुम्हारे लिए
ताकि तुम्हारा सिर
बड़े आराम से
रखा जा सके मेरे कांधों पर
बड़े सुकून से।

कदम

धीरे-धीरे कदम
बढ़ाना पड़ता है
सफलता पाने को कड़ा
परिश्रम करना होता है
एक एक कदम पर
बाधाएं आती रहती हैं
कदम कदम पर कांटों से
करना पड़ता है सामना हमें
दिन प्रतिदिन का रखना
पड़ता है हिसाब हमें
कड़ी प्रतिस्पर्धा का
करना होता सामना हमें
तब सपनों का बनाया
महल प्रत्यक्ष में
साकार होता है
सपनों को पाने को कितना
करना पड़ता है संघर्ष हमें
मत मरने दो
अपने सपनों को
सपनों से ही
जीवन की आस
लगती है
और यही आस
जीवन की डोर
को थामे रहती है

पानी है सफलता
तब सपनों को
पालना होगा।

नहीं है दम तूफानों में

है नहीं दम तूफानों में
जो रोक ले रफ्तार हमारी
हर कश्ती को आगे बढ़ाएंगे
तूफान को चीर कर आगे बढ़ जाएंगे
हौसला और हिम्मत रखेंगे कायम
जब तक तूफान का वेग निकल ना जाए
कोई हस्ती नहीं जो
मिटा दे हमारी मस्ती को
हम मेहनत से पक्के इरादों से
हर कदम दर कदम ढूंढ लेंगे
मंजिल अपनी अपनी
हां है, समय बहुत खराब अभी
सब बेचैन और बेहाल फिलहाल अभी
बचाना है, सबको अभी जान को
करना होगा पालन नियमों को
सारे संसार में तबाही फैलाई है
कोरोना को अब समूल मिटाना है
हम कर ले अपने हौसले बुलंद
हर हाथ को करले मजबूत
मत बनाओ मजबूर अपने हाथों को
हस्ती जो है हमारी
कभी नहीं मिटती
दौर जमाना पीछे पड़ा है
पर हम हैं कि मिटते ही नहीं
यही धन्यवाद है ईश्वर का मेरा

खुद भी जिएंगे दूसरों को भी जीने देंगे
आओ मिलकर कर लो संकल्प
हर हाल में उठकर फिर दिखाना है
लहराएंगे खेत और खलियान
होता रहेगा उत्पादन हमारा सतत
जीवन की डोर ना टूटने पाएगी
रफ्ता-रफ्ता ही सही यह राह
जोर पकड़ती जाएगी गति हमारी।

आजादी

आजादी आजादी हमें चाहिए आजादी
यहां है सभी को आजादी
यहां रहने बोलने खाने पीने की आजादी
आने जाने की आजादी
बम फोड़ने विस्फोट करने की आजादी
नियमों को तोड़ने मरोड़ने की आजादी
भ्रष्टाचार, लूट, डकैती,
बेईमानी करने की आजादी चाहिए आजादी
आजादी देते देते
सब संविधान के पेज भर गए
पर अब भी खाली पेट है आजादी
हर एक को मनमानी, उन्मादी आजादी चाहिए
अराजकता विद्वेष अलगाव वाली आजादी चाहिए
आजादी आजादी का पोषण करते करते
बदहजमी का शिकार हो गई आजादी
पर आ गया समय आजादी पर लगाम लगाने का
बदहजम आजादी विस्फोटक होकर
फैला देगी गंदगी चारों ओर
कर देगी व्यवस्था तहस-नहस
इसीलिए अब लगाओ
आजादी पर लगाम विकास के लिए चाहिए अनुशासन
समान आचार संहिता एकरूप कानून
नियमों में हो सख्ती
तब होगा विकास
जब कसी रहेगी लगाम

और चिंतन विचारों की
आपस में टकराहट को हो विराम
तब रहेगी सुरक्षित आजादी हमारी।

स्त्री होना

स्त्री होना एक कठिन डगर है
त्याग, तपस्या, जुनून,
समर्पण, सहयोग,
प्रेम, विश्वास कर्तव्य,
जिम्मेदारी, हिस्सेदारी
प्रेम नफरत उपेक्षा
व्यक्त अव्यक्त अभिव्यक्ति
के बीच गुजरता होता है
जीवन एक औरत का एक
महिला का जीवन जीने के लिए
कई कठिन घुमावदार
रास्तों पेचींदे
प्रश्न उत्तरों से सामना करना पड़ता है
एक महिला को
हम कितना सम्मान
कितना प्रेम सहयोग
दे सकते हैं महिला को
इस पुरुष प्रधान समाज
में अब महिलाएं भी रास्ता
चीर कर कंधे से कंधा
मिला कर आगे बढ़ रही
बढ़ाओ इनका उत्साह और
अभी भी उन्हें इंतजार है
विश्वास सहयोग प्रेम और सद्भावना की
इसलिए हर स्त्री है एक प्रेम
की मूरत रखो जरा

ध्यान उसके सम्मान का
वह क्या नहीं है इस जगत में
प्रेरणा वह हमारी और ममता
की साक्षात प्रमाणित देवी है।

स्त्री

स्त्री पुष्प है
जो कली बन
खिलती है फूल में
और फूल की पंखुड़ियां
खिलकर बिखरती खुशबू
हमारे आसपास स्त्री है
उसे सहेजने पल्लवित पुष्पित
करने के लिए बनाना होगी
उपजाऊ जमीन रोपना होगा
एक पौधा वात्सल्य का
प्रेम के बीजों में सींचना
होगा उसे तब
एक पौधा होगा उत्पन्न
जिसमें रहेगी एक पूरी
की पूरी स्त्री जो अपना
सर्वत्र न्योछावर कर
तुम्हें कर देगी
रंगों से सराबोर
उसकी कोमल पंखुड़ियां
की नरम तहों में छुपी होगी
सारे जीवन की उम्मीद।

हमारा विश्वास

हमारी धरोहरे श्रद्धा और विश्वास
जीवन जियो और जीने दो पर आधारित
परस्पर प्रेम सद्भाव मन में कोमलता
दया, करुणा, वात्सल्य, अहिंसक विचार
सदियों दर सदियों चले गए लुटे पिटे
पर हमने नहीं छोड़ी अपनी उदारता
मिलनसार सहृदयता हमें कूट-कूट कर भरी
दुश्मनों को हमने अपनाया
लूट पीट कर खाकर धोखा
हमने सब कुछ भुला बिसराया
हाथ जोड़कर करते प्रणाम
सबको हिल मिलकर रखते साथ
छल कपट ईर्ष्या द्वेष से हम दूर रहे
छले गए पीटे गए मारे गए
धर्म का भी परिवर्तन किया हमने
रीति-रिवाजों से जकड़े हैं अभी तक
जातिवाद, छुआछूत, भेदभाव
कर्मकांड के जाल में अभी भी फंसे हुए
कब होंगे हम जागृत यह तो बताओ
भ्रम जाल उधेड़बुन का
अब छोड़ो साथ
एक बनो नेक बनो
आडंबर का जाल छोड़कर
एकता अखंडता और
अपनी संस्कृति को अपनाओ
देश बचाओ संस्कृति बचाओ

सोशल मीडिया से दूरी बनाओ
पढ़ाओ अपने बच्चों को
वेद, कुरान, बाइबल
वाहेगुरु, बुद्धम शरणम गच्छामि का
अच्छा पाठ ताकि वे
रहे सब एक ईश्वर की आवाज
जहां प्रेम का दरिया
जिस की छांव तले चहचहाए
चिड़िया हजार
जहां हर सुबह खुशनुमा हो हर हाथ खुशी से झूम
जाए।

जंग नायक

इस खौफ भरी जिंदगी में
डरना नहीं घबराना नहीं
लड़नी है जंग इस कोरोना से
बड़ी होशियारी से इसे भगाना है
करना होगा पालन नियमों का
कुछ त्याग करना होगा हमें
अपने देश और परिवार में
अपने दोस्तों और प्रियतमा से
बनना होगा नायक इस जंग का
आगे आना होगा सभी को
करनी होगी मदद असहाय
और जरूरतमंद गरीबों की
दानदाताओं को मुक्त हस्त
करना होगी मदद इस मुश्किल दौर
में सबसे पहले बचाना होगी जान
हाथ साबुन पानी से धोकर
मुंह पर मास्क लगाकर
भीड़ में ना जाकर
एक दूसरे से दूरी बनाकर
अपनों के लिए लड़नी होगी जंग
हम हरायेंगे कोरोना को
जीतेगा भारत खुशहाल
रहेगा सारा जमाना
ये रहा हमारा वादा

दौड़

पथ पर ठहर जरा
बहुत दौड़ा बहुत भागा
बड़ी तेजी से उठा उड़ा
नभ जल भूमि अंतरिक्ष
कुछ भी नहीं छोड़ा
विजित चिन्ह छोड़ चला
प्रगति की राह चले चला
अब ठहर गया गगन, भूमि
जलघर में सिमट गया
अपने बनाए जाल में
अब उलझ गया
ठहर जा अब ठहर जा
हर जगह सौदा मत कर
हर तरफ भागा दौड़ा
अंधी दौड़ में बस
अब घर जा जहां है
वहां सब कुछ है इंसान है
तू अब बिता समय प्रार्थना में
कर दे कुछ दान अब
असहाय गरीबों की कर दे
मदद अब उन्हें इंतजार तेरा
उन्हें तेरा सहारा उन्हें तेरी
जरूरत कर रहे जो सेवा
अस्पतालों में वह भगवान क्या
जरूर वे कर्मयोगी महान योगी
जौ उठा रहे बीड़ा बन मर्मयोगी

जो कर सेवा पीड़ित मानवता की
वह कर्मयोगी वह हठयोगी
डटे रहे जो सेवा में
वे हृदय स्पर्शी मर्मस्पर्शी
कहां है महापुरुष हमारे
दल दल के दल वाले
कहां है पंडे और पुजारी
मौलवी और पादरी
दे हमें सहायता अब
हमें चाहिए उठो जागो
मानवता तुम्हें पुकार रही
मानवता तुम्हें निहार रही
मदद करो मदद करो
कुछ तो अनुभूत करो

श्रीराम

वचन हो कर्तव्यनिष्ठ सा
दृढ़ प्रतिज्ञ रघुकुल रीति बढ़ाई
निष्कपट निश्चल मन रघुराई
प्रेम सद्भाव सहयोग का संयोजन
रीति नीति की समुचित आस जगाई
नीति पथ पर चल रहे रघुराई
काम क्रोध लोभ मोह मन पर अंकुश पाई
दृढ़ योद्धा अविचलित मन
त्रिकालदर्शी समाजवादी हर एक संग
निषाद शबरी वानर के प्रणेता
एक भाई, एक राजा, एक वनवासी
हर एक रूप में हुए समदर्शी
सीमाओं के प्रसारण की
सीमा न लांघने का वचन
शत्रु से भी मित्रताबोध
शत्रु हंता होकर भी शत्रुओं
के हृदय में बसे श्री राम
मारुति नंदन जय हनुमान
बने तुम्हारे प्रिय भक्त
संकट से जो उबारे
कलयुग में अभी तक
जन-जन पुकारे जय श्रीराम
जय श्रीराम मनोरथ हो उनके सिद्ध
काम जो सुमिरन करे नाम तुम्हारो
संकट से जो तुम्हें उबारो
जय श्री राम जब नाम पुकारो

विश्व विधाता

हे विश्व विधाता
हमें ज्ञान दो
हमें ध्यान दो
आपस में बैर भूल कर
मिले सब एक दूजे से
हमें इतना आश्वासन दो
हम स्वयं इतने सशक्त हो
हम इतने निडर हो
हम खुद जागरूक हो
हम पहचान सके अपने
भीतर छिपे शत्रुओं को
जो हमें उकसाकर कर भड़का कर
मदमस्त बनाकर विघटन कराते
करते जो मलिन मन को
ऐसी चाह को हमारे
मन से हटा दो
हमारे हृदय से मिटा दो।

सपने देखते हुए

हताश और वेदना
स्थगित कर देती है
कई काम
मोरों का नाचना
कुत्तों का भौंकना
ऐसे बहुत से काम है
जो रोजमर्रा की जिंदगी
में देखने को मिलते हैं
कोई मुहं धोकर चाय पीता है
कोई नाश्ता के बाद नहाता है
कोई पूजा किए बगैर
एक घूंट पानी नहीं पीता
कोई पूरा डकार लेने के बाद
पहाड़ पर चढ़ जाता है
अलग-अलग स्वाद है
हमारे जीवन को जीने
का तरीका बिलकुल अलग है
कोई नीली पहाड़ियां निहार रहा
है, जो घर में है अभी जो नया
हुआ है ये सब सपने देखते हुए।

एक उदासीन शाम

एक उदासीन शाम
अंधेरे में टिमटिमाते तारे
नीचे की ओर झांकते
वहीं जमीन पर पड़ी
नन्हीं तितली
डाल की कोमल पत्ती पर
अभी अभी बैठी है
वहां भौरें भी झुनझुनाकर
मचाकर शोर जैसे सारी
पृथ्वी उन्हीं की
भनभानहट से परेशान
आदमी बंद है, कमरों में
चिड़िया खुले आसमान
में तैरकर कलाबाजी करती
थोड़े सी छांव में आकर
झाड़ी के किनारे दुबक जाती
अब उसे लगता नहीं डर
क्योंकि आदमी अब घर
के बाहर नहीं आ रहा।

जीवन का मूल्य

विश्राम कर रही प्रकृति
पत्ते-पत्ते सांसे चैन की ले रहे
छन छन कर आ रही किरणें
धूल रहित जीवन हवाएं
मंद मंद चलकर
रोमांचिंत कर रही है अब
सूक्ष्म धूल कण धरती
में अभी बैठे हुए
गंदगी तलों में जमी हुई
धुंआ रहित आसमान
मशीनों की घड़घड़ाहट आक्रांत
मानव विचलित भागदौड़
फुर्सत न मिलने
की शिकायत से आजाद
घर में कैद होकर
जीवन बचाने की जिद्दोजहद
की उधेड़बुन में वो सब
करने को मजबूर है
जो अभी तक उसने किया नहीं था
कितना कीमती है अमूल्य है
जीवन जहां आस की किरणें
अभी भी अलौकित करने को
आतुर हैं
यदि हम
समझ गए हों इशारे प्रकृति के।

जीवन में कभी डरना नहीं

जीवन में कभी डरना नहीं
कभी घबराना नहीं
कभी खो मत देना धैर्य
रखे धीरज संकट में
करो मजबूत हृदय अपना
पालन करो नियम और शर्तें
फिर वो दिन दूर नहीं
जब दुश्मन खुद ब खुद भाग जाएगा
कर लो प्रण ठान लो विश्वास
मत करो समझौता अपने मन से
मत निकलो कुछ समय बाहर
ये विषाणु मानवता को डराने
बनाकर शिकार सब को
मानवता के कट्टर दुश्मन
स्वयं को अब बचाना है
कुछ दूरियां अब बनाना है
कुछ टांग दो इच्छाएं अभी खूंटी पर
बांध लो गांठ अपने मन की
करेंगे वह काम अब जो
देगा हमें निर्देश अब
वही पालन करेंगे वही अपनाएंगे।

जब शत्रु

जब शत्रु छिपा हुआ हो
जब शत्रु अदृश्य हो
जिसे न देख सकते हो
जिसे न महसूस कर सके
ऐसे शत्रु से बचकर
छुपकर अवसर की प्रतीक्षा कर
अपना बचाव करें
करें अपनी और अपने
परिवार की सुरक्षा
रहे घरों में लगाएं
मास्क धोये हाथ बार–बार
क्योंकि शत्रु है, बड़ा चालाक
चुपके से धोखे से
हमारी लापरवाही से
कर जाता है, प्रवेश
हमारे शरीर में
और ग्रसित कर देता है
हमें संक्रमण और बीमारी से
अपने आप को बचाओ
ये संकट का समय सारे
संसार के लिए
पालन करो अनुसरण करो
बताये हुए निर्देशों का
सख्ती से करो पालन
तभी बचेंगे हमारे प्राण
हम रहेंगे सुरक्षित।

जंग मत लगने दो

जंग मत लगने दो
अपने हथियारों को
बेशक आप उदारवादी
धर्मपरायण, परोपकारी हो
आप दयावान है, आपकी
संस्कृति, सनातन है, अनंत है
पर आप एक नहीं हैं
आपकी प्रार्थनाएं पूजा पद्धति
भिन्न-भिन्न हैं
आपके अनेकों देवी देवता है
आपका मन अपने असंख्य
देवी देवताओं और उनकी
स्तुति से संतुष्ट नहीं होता
इसलिए आप सर्वधर्म के
हिमायती सभी धर्मों में
श्रद्धा और विश्वास रखते हो
आपको याद रखना होगा
आपके धर्म में ही सबसे
ज्यादा धर्मान्तरण हुआ है
अभी भी आप दलितों
को गले नहीं लगा रहे
दलित भी आप से घृणा करने
लगे हैं अब
आप अपने धर्म का प्रचार
नहीं करते हमारे संत
हमारे धर्म का प्रसार

नहीं कर रहे
हम आगे आकर
कमर कस लें अपने
धर्म को बचाने की
अपनी तलवार की धार
को जरूर पैनी कर लें
वक्त बेवक्त तुम्हें ये
ही बचायेगी कभी-कभी
प्रार्थना, याचना से
यहां काम नहीं चलता
जहां तलवारें फैसला करती हैं।